EYES ALREADY RUINED

LOS OJOS YA DESHECHOS

Luis Aguilar

Translation/Traducción

Lawrence Schimel

MEDIO SIGLO

Colección: Las Lenguas de Babel

© Luis Aguilar, 2015
© Translation: Lawrence Schimel, 2015
© Libros Medio Siglo, 2015

All rights reserved. This book or any portion thereof may not be reproduced or used in any manner whatsoever without the express written permission of the publisher except for the use of brief quotations in a book review.

First Printing 2015

ISBN 13: 978-0-9864497-0-3
ISBN 10: 0-9864497-0-9

Cover Design/Diseño de portada: Ismael Aguilar
Original Drawing/Dibujo Original: Ismael Aguilar
agruismael@gmail.com

This publication was made possible with the help of the Translation Support Program (PROTRAD) dependent of Mexican cultural institutions.

Esta publicación fue realizada con el estímulo del Programa de Apoyo a la Traducción (PROTRAD) dependiente de instituciones culturales mexicanas.

www.librosmediosiglo.org
mediosigloeditorial@gmail.com

Ordering Information:
Quantity sales. Special discounts are available on quantity purchases by corporations, associations, and others. For details, contact the publisher at librosmediosiglo@gmail.com
(956) 577-3093

Harlingen, Texas
USA

PRINTED IN THE UNITED STATES OF AMERICA
IMPRESO EN ESTADOS UNIDOS DE AMÉRICA

EYES ALREADY RUINED

Bilingual Edition

*Oh, idealists.
All the sea's color
is a marvel of the deluded eye.
The eye, then,
is made of that blue that
isn't
except at a distance.*

                    Eduardo Lizalde

*Ay, idealistas.
Todo el color del mar
es maravilla del ojo iluso.
El ojo, entonces,
consiste en ese azul que
no lo es
sino a distancia.*

                    Eduardo Lizalde

INDIA INK ON TRACING PAPER

TINTA CHINA SOBRE PAPEL CEBOLLA

ACTA DE DEFUNCIÓN

La vida se consagra en otras cosas, otras cosas que cantan, que cantan otras cosas; cosas encadenadas que encadenan otras, como bocas; bocas atadas al tarasco vigoroso de dientes frescos, con botones como rosas; rosas como bocas que cantan otros dientes en las mismas rosas. Hay cierta otredad en toda cosa [árbol o pétalo, diente fundido o foco hambriento: titilante inmensidad de nadie] que siempre se hace cargo. .•. *A Luis Armenta Malpica, por los alumbramientos*. Nací donde debía, porque la vida, casualidad de ojo raso, suma al llegar la contundencia. Supe al beso de mi primera guija que el rumor del canalón era mi andancia; que el desfiguro en aquel rostro bajo el agua era no trazo de corriente, sino anticipación de una sequía. Observé, recelosa atención, que el nombre de cualquier poeta es parcela diminuta donde se observa el agua, esa huida, en apariencia sin retorno, que hace de la desesperanza un crespón arborescente. .•. También yo quería irme. Apenas las yemas de mis ojos escanciaban su terror en un parto de traiciones, servía deseos en los colmillos sanguinarios de otras fieras; escasos mis años se acostaban en las piernas de lo que —no sabía— llamaban el amor y superaba a la belleza. *Los ojos buscaban albas, pero luz no era unicidad*, sino incierta separación de las tinieblas. Todo fue penumbra: cónicos reflejos habituados —limitación del ojo, toda inmensidad, dijo un dios terrenal de nombre Eduardo— burlaban la verdad mediante infaustas sombras; inauguraban paso al desconcierto. En ellos tallaba sus garras la barbarie y el muladar acicateó mi pasión por el barranco. Limpié labio y colmillo con jícaras de fango refulgente: cuánta infinitud en la pureza vehemente del cochambre [frente a quien desdeña, el amoroso es diamante bajo disfraz de pordiosero]. *Me acomodé a la oscuridad*, atenazadora; inicié un amasiato con las sombras de las sombras, que se alarga. Empero, nunca nada fue tan prístino enceguecer de tanto:

DEATH CERTIFICATE

Life is consecrated in other things, other things that sing, that sing other things; chained things that enchain other things, like mouths; mouths bound to the vigorous bite of fresh teeth, with buttons like roses; roses like mouths that sing other teeth in the same roses. There is a certain otherness in everything [tree or petal, melted tooth or hungry spotlight: titillating immensity of no one] that is always responsible. .•. *To Luis Armenta Malpica, for the illuminations.* I was born where I should be, because life, coincidence of the clear eye, increases with the arrival of forcefulness. With the kiss of my first tiny cobblestone I knew that the sound of the gutter was my path: that the disfigurement of that face under the water was no eddy of current, but anticipation of a drought. I saw, suspicious attention, that the name of any poet is a small plot of land where the water is watched, that flight, apparently without return, that makes of desperation a crepe tree. .•. I also wanted to leave. The irises of my eyes barely poured out their terror in a birth of betrayals, I served desires in the bloody fangs of other beasts; my scant years slept in the legs of what (I didn't know) they called love and surpassed beauty. *My eyes sought dawns but light was not a singularity*, but the uncertain parting of the shadows. Everything was penumbra: habituated conical reflections (limitation of the eye, all immensity, said an earthly god named Eduardo) mocked the truth through illfated shadows; they opened way to uncertainty. In them barbarism sharpened its claws and the midden ignited my passion for the ravine. I cleaned lip and tooth with gourds of shining mud: so much infinity in the pure vehemence of the filth [versus he who scorns, the amorous is a diamond disguised as a beggar]. *I grew used to the darkness,* grasping darkness; I began to live in concubinage with the shadows of the shadows, which elongates. However, nothing was ever so pristine, growing blind from so much:

sentí una única noche, perpetuada, construida para el placer
de auroras al desborde; desperezar pupilas y ver que, ante la
luz, la oscuridad también se quiebra, y que luego la historia
se repite [invertida] y la quebrazón abre cientos de hendijas
cuyos caminos conducen siempre al desamparo, heredero
bastardo de la mínima ruptura:

> nada que haya sido roto
> encuentra otro destino:
> una juntura es (dura la
> pena) verdor de desconfianzas:
> seguridad artera de
> que el demonio existe
> y su freno es el ascenso: lo que
> llena un hueco no podrá
> jamás unirlo: acaso mantener
> un puente que puede,
> a deseo, ser alguna vez:
> cruzado:
> el resto es mentira, como
> la masa que colma el hueco
> de las hendijas: mi falsa
> apuesta de:
> salida. Huía, enajenamiento,
> de

vívidos olvidos; histeria que pensaba y no marchó con la
vaguada. Intentaba esquivar un amor desconocido que era
[algo dentro] clamor primitivo y delimitaba andanzas.
Amanecía: la tolondra del desborde buscaba sangre blanca
que [mañana a medias, adolecida tarde o pespunte del
ocaso] bautizaba mi llamado hecho a rodillas:

> [⎯⎯⎯⎯⎯⎯]
> NOMBRE COMPLETO
> sin abolengos,
> buscando contraparte
> que entibiara sus entrañas.
> [Verán que amar era otra cosa.]

I felt a single night, perpetuated, built for the pleasure of overflowing dawns; to awaken pupils and see that, before the light, the darkness also shatters, and that later history repeats [inverted] and the rupture opens hundreds of cracks whose paths always lead to unprotection, bastard heir of the smallest break:

         nothing that has been
       broken finds another fate: a
         joint is (hard as it is to
         accept it) greenery of
       mistrust: artful security that
        the demon exists and its
       brake is the ascent: what
       fills a gap cannot ever join
       it: barely maintain a bridge
        that can, desired, be
           sometime
           crossed:
        the rest is lies, like the
       mass that overflows the gap
        of the cracks: my false
           bet of:
      escape. I fled, derangement
            from

vivid forgettings; hysteria that thought and didn't leave with the river. I tried to avoid an unknown love that was [something within] primitive clamor and defined wanderings. It dawned: the bump from the overflow sought white blood that [unfinished morning, ailing afternoon or backstitch of sunset] baptized my call made on my knees:

         [_____]
          FULL NAME
         without ancestry,
        seeking counterpart
       that would warm its entrails.
[They'll see that to love is something else.]

Nudos salvajes fueron desde aquel día las corrientes. En tiempos de irrigación mi grano cultivó depredadores de inocencias. Entonces fue mi luz: pequeña perversión: cuerno de tépalo. Aprendí a pulir quedo en los oídos, a inducir la pregunta en mis respuestas. Las dudas, pies con destino a mi capricho, territorios deformados por la mano enorme del deseo, del deseante, del deseado:

>sí, confieso
>que
>he pecado:
>mordí
>el salmón
>reservado
>para
>madre.

Es que no hubo, no había dios que lo supiera, que desear es también cierto avatar contra el destierro, jauría de desencantos besándonos los ojos, retina en amasiato con gigantesca médula. *La tenebra de nuevo: camino en aprendiz: la fragilidad que ofrece parapetos.* Escaldaba mi pupila una vereda angosta. En los vericuetos de aquella sordidez estaba, además de la alquería [preclara inoportuna], otra luz como escondite: la posibilidad lila de ser flor en medio del verdor lamoso de los charcos; cabeza parda de una sierpe al centro del sol de medianoche. Fui burgo cuya historia tejieron los agravios; un trazo de calluelas habitado por la duda, ese roedor supremo, incorruptible. Travesía era constancia, porque la única persistencia son adioses: el cristal líquido que contiene un aeropuerto: una barcaza: toda central de autobuses con sabor a duermevela y tufos agrios. Partir era azote del sur sobre el rostro. Ofrendé candor y cuerpo a todo sacrificio: estaba en edad reglamentaria [sin observar que era adolescente: es decir, adolecía]. Coronaban mi ardor un par de bucles con su gracia intacta, una mirada abierta y luminosa que extravié con el tiempo y murió sin reencontrarme. Nada era útil [ignoraba que adolecer es vestíbulo a suturas]: ovillo múltiple el cerebro, deambulaban en él vastos mis vértigos.

From that day the currents were savage knots. In times of irrigation my grain cultivated predators of innocences. Then it was my light: small perversion: horn of tepals. I learned to polish noiselessness in the ears, to induce the question in my answers. The doubts, feet whose destination is my caprice, territories deformed by the enormous hand of desire, of the desirer, of the desired:

                        yes, I confess
                        that
                        I have sinned:
                        I bit
                        the salmon
                        saved
                        for
                        mother

There wasn't, nor has there been a god who knew it, that to desire is also a sure avatar against banishment, pack of disenchantments kissing us on the eyes, retina living in concubinage with gargantuan medula. *Darkness again: path of apprenticeship: the fragility that offers parapets.* A narrow lane scalded my pupil. In the ins and outs of that sordidness was, in addition to the farmstead [inopportune eminence], another light as a hiding place: the violet possibility of being in bloom in the middle of the muddy greenery of the puddles; brown head of a snake in the center of the midnight sun. I was a town whose history was knit by the grievances; a sketch of backstreets inhabited by doubt, that supreme and incorruptible rodent. crossing was constancy, because the only persistence are farewells: the liquid crystal that holds an airport: a barge: every bus depot with a flavor of dozing and bitter vapors. To leave was a whip of the south on the face. I offered up honesty and body to all sacrifice: I was of statutory age [without seeing that I was an adolescent: that is to say, I was doleful]. A pair of curls with their grace intact crowned my ardor, an open and luminous gaze that I lost over time and which died without reencountering me. Nothing was useful [I ignored that to suffer is vestibule of sutures]: a complex ball the brain, my vast vertigos wander within it.

Disfrutaba [cierto que fue] ver mariposas toleradas porque traían a la testa organizaciones sindicales y códigos de barras, pero preferí la charla profunda en la danza ofídica del lago. *Y una mañana, de pronto, la agonía.* Alta velocidad lleva la desventura: venganza de dioses, esmerada maldad [relámpagos a domicilio entregados por un servicio de paquetería que prestan los galápagos], todo se observa: hilo de luz, informe raya de tonalidad contigua. .•. *Para Ernesto Campos y mi hermano vivo.* [Era ya el lilo de ojeras nocherosas, en espera de guarecer una entrepierna exasperada por el hambre.] En la farola donde Luz reprendía a Ernesto y donde Ernesto era un continuo destemple de la hierba, esperaba al final, hasta que mi hermano [coleando aún] oraba de paso a la mazmorra: ¿aquí estás todavía? Vamos a casa. Había aprendido que la calma recompensa: la última cena: envida uno a doce por el placer de la traición que censuraba, un poco de calor para el letargo de mi espera. La línea parda fue angostura y cortar mi cabellera [Sansón fue otra mentira], fortalecer descubrimientos: frente a la nube de igniciones olorosa, el ahogo entre las manos. La sangre coronaba un adiós nunca pedido, una voz que desde no sé dónde, de no sé quién, llegaba por decir sí, aquí es otra parte, donde el filo del viento es suficiencia para cerrar la compuerta a la garganta. Discos atrás, la inmovilidad arrendó a mi padre sus espaldas para que caminara la certeza: ¿ya se murió?, me dijo. Aprendí a los dieciséis el lado oscuro de la piedad, su cortesía; cuán útil la apariencia. No preguntes cómo es que pervivo en el centro de los odios. Debí invertir la voz; gargantear el óxido gusto de la sangre para decir que no pasaba nada, que quizás en otro lugar, que tal vez, que en otra parte. .•. Con la palabra mordiendo la garganta, desde el minarete que al ojo fue esa lluvia de crisoles, me escuché gritar: me reconozco. El espejo fue rotura cubierta por las gotas; la luz, una ventana a corazón abierto en medio de la sangre;

I enjoyed [it was certain] to see butterflies tolerated because they brought to the head unions and bar codes, but I preferred the deep conversations in the lake's ophidian dance. *And one morning, suddenly, agony.* High velocity carries the misadventure: vengeance of the gods, precise wickedness [home-delivered lightning brought by a package service offered by Galapagos tortoises], everything is observed: thread of light, shapeless ray of contiguous tonality. .•. *For Ernesto Campos and my living brother.* [It was already the lilac of late-night bags under the eyes, in wait to protect a crotch exasperated by hunger.] At a streetlight where Luz scolded Ernesto and where Ernesto was a continuous disturbance of the grass, I waited until the end, until my brother [still twitching] prayed on his way to the dungeon: are you still here? Let's go home. I had learned that calm is rewarded: the last supper: one envied a dozen for the pleasure of the censored betrayal, a little heat for the lethargy of my waiting. The brown line was narrowness and to cut my hair [Sampson was another lie], to strengthen discoveries: versus the cloud of smelly exhausts, choking between hands. Blood crowned a never-asked-for farewell, a voice that from I don't know where, from I don't know who, came to say yes, here is another part, where the wind's edge is enough to close the throat's floodgate. Discs past, immobility rented from my father his back for certainty to walk: did it already die? I asked myself. At sixteen I learned the dark side of piety, its courtesy; how useful, the appearance. Don't ask how it is that I live at the center of hates. I should invert my voice; warble the rusted taste of blood to say that nothing was wrong, that perhaps somewhere else, that maybe, that elsewhere. .•. With the word biting my throat, from the minaret which, to the eye, was that rain of crucibles, I heard myself shout: I recognize myself. The mirror was rupture covered by droplets; the light, a window onto the heart open in the midst of the blood;

una tráquea que por no afilar al viento perdía el sabor a casa y patio, a kilo y medio de bananas en un sillón de mimbre, bajo la plácida vista de la tarde. Ahí se amontonaron, mateando el vidrio fracturado, todos los calidoscopios que eran también copas de duda: venían detrás las sombras, rayo enceguecido por la esperanza ingenua: ¿quién era la mujer llena de tierra que por la calle del fondo, llena de tierra siempre, siempre en el mismo lugar, me hacía señas de tierra y rogaba atrás del polvo a una sorda vestida de gala? Sus faldones cerraban, sin ternura, dos pares de ojos. ¿Era memoria cruel o nigromancia? *Me senté a la sombra del llanto y elevé mi apostasía contra todo*, incluso contra el rizo tranquilo de las aguas que finge una mañana. Nadie sabe a dónde marcha el grito, qué rumores de noche teje en sus alientos. En medio del calor térmico de aquella albufera sin oleaje o marejadas mínimas en su abrazo compasivo que ubica/desubica el cansancio de una posición repetitiva, hay una palma de mano que de lejos [quiero decir de fuera] soba un antojo de fastidio que cierto latido tenue confunde con caricia. Siento en su tanteo desconcertado los colmillos inalterables del destino, la corrosión de una estructura. ¿A dónde va, de dónde viene este ducto, este reducto que en su talego apretuja hálitos de muerte y tufos de confinidad aceda? Practico el sosiego en mi levedad flotante, placidez del cisne de beldad erróneamente imaginada. Beso un agua clara que se torna verdosa. Miro en el légamo un brillo latente que me hace pensar en un río mejor, un páramo de espejos que purifique el milagro de abrir los ojos, aunque la pupila amarga imposte de inmensidad aquel azul que nunca toca; aunque sepa que la imposibilidad inicia. Avanzo centímetros, minutos, una séptima piedra cumular de adioses. La estrechez se distiende y soy galope canicular, algo así como un desborde.

a trachea that in order to not slice the wind lost the taste of home and yard, a kilo and a half of bananas on a wicker chair, under the afternoon's placid gaze. There they accumulated, sowing the fractured glass, all the kaleidoscopes that were also drinks of doubt: they came behind the shadows, ray blinded by naïve hope: who was the woman full of earth that through the far street, always full of earth, always in the same place, made signs to me of earth and prayed behind the dust to a deaf woman dressed for a gala? Her skirts enclosed, without tenderness, two pairs of eyes. Was it cruel memory or necromancy? *I sat in the shade of the weeping and lifted my apostasy against everything,* even against the calm ripple of the water that aped a morning. No one knows where the shout goes, what murmurs of night it knits in its breaths. In the middle of the thermal heat of that lagoon without the slightest surf or tide in its encompassing embrace that places/misplaces the exhaustion of a repetitive position, there is the palm of a hand that from the distance [I mean to say from outside] fondles a whim of annoyance that a certain tenuous heartbeat confuses with a caress. In its disorderly testing I feel the unshakeable fangs of fate, the corrosion of a structure. Where does it go, where does it come from, this duct, this reduction that in its sack stuffs zephyrbreaths and the stench of acrid proximity? I practice serenity in my floating lightness, the placidity of a swan of mistakenly imagined beauty. I kiss a clear water that turns greenish. I see in the slime a latent shining that makes me think of a better river, a moor of mirrors that purify the miracle of opening the eyes, although the bitter pupil projects from immensity that blue it never touches; although it knows that the impossibility begins. I advance centimeters, minutes, a seventh heaped stone of farewells. The narrowness extends and I am a dog days gallop, something like an overflow.

Cascada de ruidos imprecisos sostiene el cervatillo: éste, mi corazóncampotraviesa. No ahoga la furia del aire, es su omisión sombría. Luego un golpe. Un estridente monstruo escapa a la garganta y una mano ruda sostiene el mundo al revés, que me mira concertado, mientras el desconcierto pule el temor y dos palomas, hinchadas de blancura, emprenden vuelo.

                              Todo es
                              lobreguez.
                              La albura

de mis venas, cavidades en ansia de torrente, deja en claro que he llegado. Cierto latir fresco me confirma, pero ya una luz incomprensible me disgrega. Los ojos chocan en la calidoscópica génesis del mundo: vivir inicia de cabeza. Fijo el portarretrato que en el ojo sorprendido me disuelve, me doy por enterado:

                              soy yo:
                              vengo,
                              errabundo y mudo,
                              al asombro.

A cascade of imprecise sounds sustains the fawn: this, my fieldcrossingheart. It doesn't choke the fury from the air, it is its shadowy omission. Then a blow. A strident monster escapes from my throat and a rough hand holds the world upside down, that looks at me in agreement, while bewilderment polishes fear and two doves, swollen with whiteness, take flight.

> Everything is
> darkness.
> The whiteness

of my veins, cavities anxious for the torrent, make clear that I've arrived. A certain fresh beating confirms me, but now an incomprehensible light disperses me. My eyes crash with the kaleidoscopic genesis of the world: living begins head-first. I affix the picture frame that in the surprised eye dissolves me, I am aware:

> I am me:
> I come,
> errant and mute,
> to astonishment

FE DE BAUTISMO

Creo en un solo dios, sin género posible. Santísima multiplicidad que agrupa toda especie de canto y cuenta que destruye universos. No al principio de los siglos, mucho antes, dijo dios [ojo de piedra rústica] que se hiciera la luz. La oscuridad de su rostro, hendijas por donde brotó la chispa que incendió la vida, para exigir después que nadie se quemara. Luego pidió hacer una mujer y darle compañía, y miles de lesbianas descubrieron en los labios de una luna que el eje de la tierra rota en sus clítoris hambrientos, que su centro de cultivo tiene sabor de aptitud y no viso de falta. Pero en los árboles [arribo anterior a hombres y mujeres] las hembras vieron que, como fruta, el tallo era fibroso y dulce. Entonces dios pidió, con el deseo oculto, hacer a su semejanza una repetición de incendio sin ahogo: el consejo aprobó la moción y se hizo el hombre. Soberbio, traía un racimo de uvas sedientas de mañana, deseosas de ganar la historia por su imagen y semejanza repetido en un nombre. Cuando vio a la mujer, supo la impotencia del deseo, la falta de la luna en los descensos; entendió que la tintura sonrosada en la manzana hacía parte esencial para ser otro, papel carbón que alargara presencias conferidas. Y se unieron. *Una noche los hombres supieron no inaugurar placeres ni deseos*, que las mujeres fueron antes y civilizaron a los árboles. La imaginación voló cual otros bichos [las maripo- sas vivían procesos de certificación en el consejo, aunque quimeras varias ya se pellizcaban labios y mejillas] y la fiesta alentó las entrepiernas ígneas. En el arca aquella, de deseo apretujada, los hombres se abalanzaron de mujeres y se dieron manoseos entre los cuerpos todos, y descubrieron los faunos en brama cosas que dios desconocía. Una tarde de abril, con el calor a cuestas, el padre fumaba una menta nebulosa y comenzó a observar el mundo. Extensión del deseante, una mano trazó calor bajo su saya. Quemaba como el mar en las noches de tempestades blancas, como

CERTIFICATE OF BAPTISM

I believe in one god, without any possible gender. Most holy multiplicity that gathers together every kind of song and story that destroys universes. Not at the beginning of the centuries, much earlier, said god [eye of rough stone] was light created. The darkness of his face, the cracks from which sprang the spark that ignited life, to then demand that no one burns. Later he asked for a woman to be made to offer him companionship, and thousands of lesbians discovered in the lips of a moon that the axis of the earth rotates in their hungry clitorises, that their growing center tastes of skill and not the appearance of lack. But in the trees [arrived before men and women] the females saw that, like fruit, the trunk was fibrous and sweet. Then god asked, with hidden desire, to make in his image a repetition of the unconsuming flame: the council approved the motion and man was made. Arrogant, he carried a cluster of grapes thirsty for tomorrow, desiring to win history for their image and likeness repeated in a name. When he saw the woman, he knew the impotence of desire, the lack of the moon when it is waning; he understood that the blushing color on the apple was an essential part to be other, carbon paper that extends granted presences. And they came together. *One night the men knew that they didn't invent pleasures or desires*, that the women came before and civilized the trees. Imagination flew like other creatures [the butterflies underwent certification processes in the council, although various chimeras already nibbled at lips and cheeks] and the party inflamed igneous crotches. In that arc, of hard-pressed desire, the men pounced on the women and felt them up all over their bodies, and in rutting the fauns discovered things god didn't know about. One April afternoon, with the heat upon them, the father smoked a nebulous mint and began to observe the world. Extension of one who yearns, a hand traced heat under his skirt. It burned like the sea on

océano de piernas dispuestas a la proa de los barcos. Cambió de posición, mientras lo concentraba un placer que zahería su idea de la moral, de la decencia. Pero dejó ir el cuerpo marcado por la erección notable de sus sueños y el espejo ya roto de su cara. Nada operó contra su semejanza y nadie ha contradicho el histórico incendio. Siglos después dictó, mediante musas impolutas, su escultura tras el momento del éxtasis [replanteando bien y mal en sus adentros] a un seductor de muchachitas: El Pensador, lo bautizaron. Al centro del fuego, también dios y su hijo se hacen hombres, son brújula infaltable en la beatitud ardiente del deseante. Probé ya las sagradas escrituras, siguiendo el episodio con preguntas revestidas de dios y su falaz misericordia:
sí,
    confieso
        que he pecado
          : robé el cuerpo
            de dios
                en aquel desovadero
                    de confusas
                        semejanzas.
Su divínica sustancia se incrustó en el muslo granulado de mi lengua. [Litúrgico.] Rehice su deseo: cierta exquisitez monacal de ojos preclaros [virilidad lluviosa, su tempestad interna] tomó mi mano cándida y jadeante. Fuimos al confesionario donde, hincado, descubrí que el mundo juega con serpientes y escaleras: trazó mi reptar salívico ascenso a cada nervadura. Rendí culto a mi encuentro entre carne y espíritu con la guía inmaculada que marcaría noches, jadeos acallados, mis dientes mordisqueando su apetito incandescente de cara a la armonía proverbial de una caricia. Frente al proceso de implosión que alargaba los espejos, supe que había llegado.

nights of white storms, like an ocean of legs lined up on the prows of ships. He changed position, while concentrating on a pleasure that wounded his idea of what is moral, of decency. But he let his body go, marked by the notable erection of his dreams and the already-broken mirror of his face. Nothing acted against his likeness and no one has contradicted the historic blaze. Centuries later he dictated, through unpolluted muses, his sculpture after the moment of ecstasy [reconsidering good and evil within himself] to a seducer of young women: The Thinker, they named it. At the center of the fire, god and his son also became men, they are the not to be missed compass in the burning holiness of the one who desires. I already tried the sacred writings, following the episode with questions dressed with god and his false misery: yes,
    I confess
        that I have sinned
            : I stole the body
                of god
                    in that spawning
                        of blurred
                            likenesses.
His divine substance encrusted itself on the granulated thigh of my tongue. [Liturgic.] I remade his desire: a certain monastic excellence with illustrious eyes [rainy virility, his internal storm] took my hand guileless and panting. We went to the confessional where, stuck, I discovered that the world plays with snakes and ladders: he traced the creeping rise of my saliva along every nerve. I worshipped my encounter between flesh and spirit with the immaculate guide that marked nights, hushed gasps, my teeth biting his incandescent appetite in the face of the proverbial harmony of a caress. Versus the process of implosion that elongated the mirrors, I knew that I had come.

                        Éste es
                        mi cuer
                        po y m i
                        sangre ,
cuerpo que jamás le será negado al hambriento.
En él está el cami no, y la verdad y la vida. N
                        adie vie
                        ne al go
                        zo si no
                        por mí . . .
Comencé luego a desandar [tampoco lo sabía] rutas constreñidas por el origen de vivir: nuevas certezas. Mis ojos, deseosos mas descalzos, trotaban en medio de su espuma enamorada tras una imagen semejante, reflejo artero y vil en otros ojos. Otros, pero los mismos. Nuevos reflejos para los mismos ojos. Mismos ojos y reflejos nuevos que buscaban rendir la ingenuidad de las coroides. Al ponerme en pie, por los siglos de los siglos, los cuerpos [su retrato de ardor sobre la curva] rodarían mis pupilas hasta escaldar de ganas la entrepierna apretujada al algodón [ya nunca inmaculado] de la trusa.

             This   is
             my bod
             y and m
             y blood ,
body that will never be denied to the hungry.
In it is the path and the truth and life. No one
                     comes to
                     pleasure
                     except th
                     rough me.
I then began to retrace [I didn't know either] paths constricted by the origin of life: new certainties. My eyes, desiring but barefoot, trotted in the middle of their smitten foam after a similar image, artful and vile reflection in other eyes. Others, but the same. New reflections for the same eyes. The same eyes and new reflections that sought to pay for the choroid's ingenuity. On standing up, forever and ever, the bodies [their portrait of ardor upon the curve] surrounded my pupils until burning with desire my squashed crotch to the cotton [now never immaculate] of my underwear.

ACTA DE MATRIMONIO

Quien ha leído el terror, sabe que las flores tiemblan de belleza. Que asusta ser o no el pétalo, ramillete de rubores que sube a los labios del amado. Pero si el pétalo cae, ni el viento es útil. Todo vendaval busca el tallo firme, no rosas desgranadas sobre el césped. Una noche no eras el hombre aquel que descendía por mis secretos. Supe que el silencio de las manos es tortura tan bestial como lluvia en clamor a las ventanas, mientras la madrugada esconde sus pasos a la sombra. ¿Cuál era el árbol? ¿Cuál el sentido del árbol? Pensé sembrar plumas de colibrí en el aire; raíces de nota en un canario para alegrar el llanto, armar los troncos con el pálpito constante de un carpintero alado. Pero el viento sembraba de coloridas aves tus revoloteos. Al frente, en el fondo, en todo ojo del ventarrón esos vigías, los árboles [nadie conoce más nuestro silencio] traían en sus bucles rumores de mutismo. No fue fácil decir no vive más aquí, decir las nubes fueron volviéndose mil cuervos, la leche ya no pasa o sobre este microfamiliar van a construir un centro comercial de primer mundo. Para todo lo demás, no hubo crédito posible. El helor se convirtió en presencia circular bajo las hojas, eje febril de una memoria selectiva y maliciosa,luna que atestiguó tanta vesania. De allá venían los pasos alejándose, el ruido de los pasos discurriendo: la orquídea de tu espalda que me alzaba la mano. Y la memoria empujaba el engranaje de retención casi sin pulso.

<pre>
                                        Un
                                   espacio
                                 multicolo
                              r   que
                                 emblanqu
                         ecía   a
                                   diario.
                                       Ma
                         s   blanco
                                        Má
                         s   blanco
                                      bla
                                     nco.
                                        M
                                        á
                                        s
</pre>

MARRIAGE CERTIFICATE

Who has read terror, knows that the flowers tremble from beauty. That to be or not to be the petal frightens, bouquet of blushes that rises to the lover's lips. But if the petal falls, not even the wind is useful. Every gale searches for the firm stalk, not plucked roses upon the grass. One night you were not that man who descended for my secrets. I knew that the silence of hands is as beastly a torture as rain banging at the windows, while the late night hides its steps in shadow. Which was the tree? What the sense of the tree? I thought to sow hummingbird feathers in the air; roots of music in a canary to cheer up the grief, to load the tree trunks with the constant beat of a woodpecker. But the wind sowed your flutterings with colorful birds. Ahead, in the background, in every eye of the gale those watchmen, the trees [no one knows better our silence] brought in their curls rumors of silence. It was not easy to say don't live here any more, to say the clouds were turning into a thousand crows, the milk no longer curdles or that they're going to build a first world shopping center in the place of this mom and pop store. For everything else, there was no possible credit. The freezing cold became a circular presence under the leaves, feverish axis of a selective and malicious memory, moon that witnessed so much insanity. From there came the footsteps that moved away, the sound of the steps going past: the orchid of your back that raised its hand to me. And the evocative memory pushed the machinery of retention almost without a pulse.

                              A
                         multicolor
                  red   space
                              that
                             grew
                             white
                    r   daily.
                             White
                    r   whit
                   er   wh
                             iter
                              w
                             hi

                                          bla
                                              n
                                          co
Tiritar fue recuerdo involuntario, avidez de ser pájaro para olvidar el canto. Urgencia por arropar en apósito el cerebro y asfixiar conjetu- ras: saludar el terror desde la helada superficie del pasmo: lugar para la vesánica mirada de mí misma, para el rubor con que viste [maldigo *compasión o Jesucristo*, y adiós a la "Maldita primavera"] mi espejo avejentado. En el centro la mano,
                     es
                     a or
                     quí
                     dea
                     blan
                     quís
                     ima
                     que
                     miro
                     re
                     tir
                     ars
                     e

Faltaron cosas simples, como restar días en la ristra de ajos que coronó el aburrimiento, escuchar el rumor de casa subir la escalera, humedecer bajo las plantas el sopor de agosto. Ahí llamaste por las noches a dos niñas arrulladas por el patio, abanicando tu afecto en su extremidad dichosa. Un día salió el sol por occidente. Había cambiado el mar, la escalera fue descenso, hielo, sombra, temor. La puerta abrió hogar al desconcierto.

                                                t
                                                        e
                                            r
To shiver was to remember, involuntarily, the avidity of being a bird to forget the song. The urgency to swaddle the brain in bandages and to asphyxiate conjectures: to greet terror from the frozen surface of the fever: place for the enraged glance of myself, for the embarrassment with which you saw [I curse compassion or Jesus Christ, and goodbye to the "Damned Springtime"] my aged mirror. In the center my hand,

                th
                at
                so
                wh
                it
                eo
                rch
                id
                that
                I see
                pull
                aw
                ay

Simple things were missing, like removing days from the string of garlic that crowned boredom, listening to the murmur of the house climb the steps, to moisten under the plants with August's drowsiness. There you called at night two little girls lulled to sleep by the patio, fanning your fondness in their lucky extremity. One day the sun rose in the west. The sea had changed, the ladder was descent, ice, shadow, fear. The door opened the home to uncertainty.

Un rumor de sollozos se alejaba y rompía el corazón a la asustada brújula. En el buró, una fotografía en sepia alumbra las nubes persistentes que oscurecen la retina; cuando las cosas parten no sirven los recuerdos: no tiene ojos la memoria, sino esquirlas: toda evocación no pasa de ser una mentira, reconstrucción desvencijada por escapes convenientes: moho que elige siempre lo herrumbroso. El mar, que con sus crines alargaba el patio, cepillaba un oleaje de llanto encanecido. Salí a regar el pasto; estaba seco. Buscaba una corola, un pétalo. No tenías ni caracolas. .•. *Para Marcela Flores Iga*. Ante el ansia roja de tus aceitunas, frente al largo tejido de silencio, no sirvió saber que la pared ocultaba una oferta impasible en el mercado de remates: hurtar el recuerdo del azúcar a lo que viró de verde hasta podrido. Quedaba sólo tu mirada deliciosa y una certeza amarga: la maleta en que cargabas con la noche, con el llanto que nos reconocía bajo cualquier rumor de viento. .•. *Sí: voy a sobrevivir sin ti*, pero quién regará el pasto con la suavidad del pulgar, inofensividad de brisas color seis de la tarde con cuarenta y siete. Y, por curiosidad, ¿te has preguntado si sobrevivirás sin mis remembranzas? Fueron siempre mis manos [al principio de las cosas y con ciertas cosas por principio] las que te escribieron. Los surcos de tus pliegues, una cava de mi aliento. Mi ansia te celebraba, jugaba a construirte. Mis periplos bajo tierra en el tegumento de tu abrazo fueron entelequia de mis anales laboriosos. No quiero que te vayas, porque después de ti hay enmudecimiento. Memoria sin ojos para cantarte por las tardes, con la sabiduría espinosa de que el oído marcha adelante. *Mis ojos insomnes giran la batidora*. Y el frío del patio. Y en cada pliegue del caracol pringoso sobre el que nuestro hogar danza en caída libre, una duda se hace cientos de preguntas. Y en el techo, y en la sábana que fue cajón de

A murmur of sobs drew away and broke the heart of the frightened compass. In the bureau, a sepia-tone photograph lights up the persistent clouds that darken the retina; when things split, memories are no help: memory has no eyes, but only splinters: all evocation is nothing more than a lie, a rickety reconstruction for convenient escapes: rust that always chooses the rustable. The sea, which lengthened the patio with its mane, brushed a swell of graying weeping. I went out to water the grass; it was dry. I looked for a corolla, a petal. You didn't have even conch shells. .•. *For Marcela Flores Iga*. Given the red anxiety of your olives, before the long weaving of silence, it didn't help to know that the wall hid an impassive offer in the market of auctions: to steal the memory of sugar from what turned over from green until rotting. Only your delicious gaze remained and a certain bitterness: the suitcase in which you carried the night, the weeping that recognized us under any sounds of the wind. .•. *Yes: I will survive without you*, but who will water the grass with the smoothness of the thumb, inoffensiveness of color breezes six forty seven in the afternoon. And, out of curiosity, have you asked yourself if you'll survive without my remembrances? My hands were always [at the start of things and with certain things on principle] the ones that wrote to you. The furrows of your folds, a cave for my breath. My anxiety celebrated you, played at building you. My wanderings beneath the earth in the tegument of your embrace were a entelechy of my laborious annals. I don't want you to go, because after you there is silence. Memory without eyes to sing to you in the afternoons, with the spiny wisdom that the ear marches on. *My insomniac eyes spin the blender.* And the cold of the patio. And in each fold of the slimy snail upon which our home dances in free fall, a doubt becomes a hundred questions. And on the roof, and in the sheets that were a box of

                                                                    or
                                                                    quíd
                                                                    eas
                                                                    deshoj
                                                                    ad
                                                                    as,
                                                                    y
                                                            en   el
                                                                    horiz
                                                                    onte que
                                                                    pint
                                                                    ab
                                                                    a un mur
                                                                    al de gavi
                                                                    ot
                                                                    as,
vistiendo notas de graznidos,
                                                                    y en la
                                                                    funda del
                                                                    almohadó
                                                                    n   de
                                                                    plumas
                                                                    que   se
                                                                    volvió
                                                                    de
                                                                    pie
                                                                    dras,
                                                                    y
                                                            en   la
                                                                    pared
                                                                    aquella
                                                                    de
                                                                    fugaces
                                                                    mari
                                                                    posas
                                                                    , también
                                                                    la duda se
                                                                    alimenta:
                                                                    el
                                                                    incendio
                                                                    arranca

                                    plu
                                    cked
                        or   chids,
                        and
                            on
                                    the
                                    horiz
                        on   that
                                    paint
                                    ed
                        a   m   ur
                                al   of
                                    sea
                        gu
                                        l
                                        ls,

dressing notes with squawks,
                        and in the
                        feather   pil
                                    low
                                    case
                        th   at
                                    turned
                                    to
                                    sto
                                    ne,
                                    a
                                    n
                                    d
                        on   that
                                    wall
                                of fleeting
                                    but
                                    terflies
                            ,   doubt
                                    was
                                    also
                                f e d :
                                    the
                                b l a z e
                                    began

en el
trazo
delgado
del
primer
círculo: el
arco iris
—qué luz
tan
desteñ
ida—
escondía
en sus
partelínea
s un
enjambre
de abejas
africanas,
millares
de penumbr
as en
concurre
ncia del
eclipse:

podrir es esta manzana de inmemorial cicuta: negada a sus procesos, fue de verde a veneno sin pasar por la dicha de una cosa, cualquiera, a ojeada cierta. Ya todo estaba claro:

también
fui animal
invicta
en
los
avatares
de la
dicha.

Sembró sus frutos un colmillo percudido en nuestra encía trémula. ¿Qué queda del amor cuando agoniza en las preguntas?

                    in the thin
                 sketch   of
                         the
                       first
       circle : the r a i n b o w
                      (what
                          a
                        dis
                    colored
                        lig
                        ht)
                 hid within
                        its
                    l i n e s
                a swarm of
                  Af r i c a n
                   b e e s,
                  thousands
                         of
                      shado
          ws   in
                concurrence
                  with the
                   eclipse:
to rot is this apple of immemorial hemlock: denied of its processes, it went from green to venom without passing through the luck, any, of a certain scrutiny. Already everything was clear:
                 I was also
               unconquerable
                     animal
                         in
                        the
                    avatars
                    of the
                      luck.
A tarnished fang in our trembling gum sowed its fruits. What remains of love when it agonizes over the questions?

ACTA DE NACIMIENTO

Parece [sólo parece] que desciendo. No hay a los pies, finito, el horizonte. Mi tierra firme es la constancia del latido taquicárdico, la movilidad como motor: corazón que se desborda en el ocre bocal del precipicio. Sí: es el miedo. Los locos saben [como los arrieros y los hombres sin un hombre] que no hay emoción más desbordante, más dolorosa, que el miedo. por eso llamé a Verónica la noche única de agosto para confeccionar, en medio del sofoco, un vestidito rosa de tul con pedrería. por eso su graznido era resigno del deseante ardor por sus iguales, del placer de buscar uvas maduras en los pezones rotos de mis tardes, en los pedúnculos erectos del quimérico. Justo entonces, cuando la pena limaba dientes a la albura, la piedra se posó sobre mis plantas. pero mi piel no ardía. crepitaba. Era ese helado ardor todo mi impulso. La tarde consumida en las uvas que la ausencia despelleja; que lo ido escoria; que descarna saber que no queda piel. Que se ha ido quedando, atada al hueso, una ligera capa de
p a p e l   c e b o l l a
tatuada en color negro, con símbolos disímbolos, por un vaso de tinta china derramada. Al salto, frente a la dentadura sarrosa de impúdico celeste, vuelo nuevo comienza y entonces, otra vez, nada se acaba. Remonto incapaz de contener el terremoto. Sé que debo llevar mis bienes [esta memoria hiriente] hacia un lugar seguro: estas esquirlas son todo lo que tengo. Quizá la lleve allá, al salitral donde encalló el algodón de azúcar de la infancia, el payaso enano y el poema número diez mil quinientos treinta de quién, que había olvidado dónde. podría también intentar todo de nuevo, pero esta osamenta que me carga, que sostiene este mi cuerpo que es ajeno, se craquela. Vivir no es un ensayo.

BIRTH CERTIFICATE

It seems [only seems] that I descend. At my feet is not, finite, the horizon. My firm ground is the assurance of the tachycardiac heartbeat, the mobility like a motor: heart that overflows the ochre pitcher of the precipice. Yes: it is the fear. The mad know [like the muleteers and the men without a man] that no emotion is more overwhelming, more painful, than fear. That's why I called on Veronica that unique night of August to make, in the middle of a hot flash, a little pink dress of tulle with precious stones. That's why her squawk was resignation of the desiring ardor for her equals, of the pleasure of looking for ripe grapes on the broken nipples of my afternoons, in the erect stalks of the chimeric. Just then, when pity filed teeth from the whiteness, the stone rested upon my plants. But my skin didn't burn. It sizzled. All my impulses were that frozen ardor. The afternoon consumed in the grapes that absence peels; that the departed chafe; that scrapes the flesh from knowing that no skin remains. All that remains, tied to the bone, a thin layer of
t   r   a   c   i   n g   p   a   p   e   r
tattooed in black ink, with dis-symbolic symbols, by a glass of spilled india ink. On leaping, before the incrusted dentures of indecent sky blue, a new flight begins and then, again, nothing ends. I remount unable to contain the earthquake. I know that I should carry my goods [that wounding memory] to a safe place: these splinters are all that I have. perhaps I'll bring it there, to the saltpeter where the cotton candy of childhood foundered, the dwarf clown and poem number ten thousand five hundred thirty of someone, who had forgotten where. I could also try everything again, but this skeleton that carries me, that sustains this my body that is another's, cracks. To live is not a rehearsal.

Pulverizado, sería capaz de decirme es el arribo, aunque no queda espacio sin letra en ningún hueso.

                                                              Per
                                    o

tendré siempre los ojos en mi noche, aunque la memoria de los crisantemos acapare todo el polvo.
Soy yo. Vengo, errabundo y mudo, del asombro.

Pulverized, I'd be able to tell myself it is the arrival, although no un-written space remained on any bone.
                                                                                                 Bu
                                                                                               t
I'd always have the eyes in my night, although the memory of the chrysanthemums monopolizes all the dust. I'm me. I come, errant and mute, from the astonishment.

ESQUELA

No exorcizamos el vinagre escribiendo su metáfora: el punzante sabor ojos abre paladares: va construyéndonos la boca, catando mordida con mordida el colmillo feroz de un gusto sutil por el desgarro. Bajo toda resaca atisba al monstruo de mil cabezas, aliento agrio y corazón en llamas; como cuando la tarde era
o
    l a   en s   im i sm   a   d
                                                                                              a
y dejaba el canalón en lo que el viento daba apenas un paso a la ventana, un manotazo tenue en los hombros de los árboles. Entonces toda flor era metáfora de amor y no de muerte, y un dios amable jugaba dominó sobre mi mesa. Era todavía acólito inocente:
                      no imagen desteñida en el ojo
                      intolerante del santuario.
Supe luego, de golpe, que flores y jugadas usaban vestidos distintos para las mismas fiestas [a las que dios, por cierto, acudía vestido de sultana]. En la corola alegre de la rosa asomaron los dientes putrefactos del grial; incierta biografía autorizada. Descubierto porque habitó en mí su semejanza, el dios-niño sonrosado volcó su estómago en estallido hediondo; jaló las barbas a la rabia y quebró con su puño la madera fina de la caja: la suerte del dolor echada al viento.

OBITUARY

We don't exorcise the vinegar by writing its metaphor: the pungent taste eyes open palates: it continues to construct our mouth, tasting bite by bite the fierce fang of a subtle taste from the laceration. under every hangover lurks the thousand-headed monster, bitter
breath and flaming heart; like when the afternoon was
a
    s e   l f - a   b s   o   rb   e   d wa v
                                                                                         e
and left the gutter in what the wind gave barely a step to the window, a tenuous large hand on the tree's shoulders. Then every flower was a metaphor of love and not of death, and a friendly god played dominos on the table. I was still an innocent acolyte:
                    no discolored image on
                    the sanctuary's intolerant eye.
I later knew, suddenly, that flowers and tricks used different dresses for the same parties [to which god, by the way, came dressed as a sultana]. In the rose's happy corolla there appeared the grail's rotting teeth; uncertain authorized biography. Discovered because it's resemblance lived in me, the blushing god-child emptied his stomach with a stinking explosion; he tugged the beards of rage and shattered with his fish the fine wood of the box: the luck of the pain thrown to the wind.

                    De
              scanso sin
    paz.   En
              d e s c o mp
                   osición,
                        su
              m á s c a r a
              en   mi
                     pecho.

                                Res
          t   without
                        peace. In
                        d e c o m p
                        osition,
                                his
                                mask
                   on   my
                        breast.

TESTAMENTO

> *Les dejo todo el tiempo.*
> Eliseo Diego

Dejo la mesa puesta y el vinagre abierto. Dejo todo el mar y el peine coralino de la rabia. Les dejo también [a quien ansíe] la fiera más feroz de cuantas hubo: es, toda suya, la memoria.

LAST WILL

> *I leave them all time.*
> Eliseo Diego

I leave the table set and the vinegar open. I leave the entire sea and the coral comb of rage. I also leave them [whoever desires] the fiercest wild beast there ever was: it is, all theirs, memory.

INDIGO ON TISSUE PAPER

AÑIL SOBRE PAPEL DE CHINA

I

Si dios tiene rostro, debiera ser la copa espumosa de aquel cedro. La placidez de no llamar cuando responde la ventana. Sorprender al cielo robándose algún pájaro. Ver a la cantante calva que los deja beber sobre su mano. El olivo huelga su inmovilidad sobre la geografía de nadie. Todo ojo siembra en mi pupila el desconsuelo de las vainas por afilar el viento. ¿Vivir es aspirar esta puerta ardorosa de tan blanca?

I

If god has a face, it must be the frothy crown of that cedar. The placidity of not calling when the window answers. Surprising the sky by robbing it of some bird. To see the bald singer that lets them drink from her hand. The olive tree rests its immobility upon the geography of no one. Every eye sows in my pupil the pod's distress for honing the wind. Does living mean inhaling this burning door of such whiteness?

II

Una se cansa de hacer cosas sin decirlas, como vivir la vida (que no es una manzana). Canta la muerte (ni tan pequeña, Paz, nos engañaste: inquisidor de la mirada): dos gotas construyen un derrame. Himnos volátiles, del cielo a los infiernos se escucha más que un canto. Es un crepitar constante de noche azul y puerta nívea. ¿Amar es ese ruido?

II

One tires of doing things without speaking of them, like living life (which is not an apple). Death sings (and not so little, rogue, you tricked us: inquisitor of the gaze): two drops comprise a hemorrhage. Volatile hymns, from the heavens to the hells, more than a song is heard. It is a constant crackling of blue night and snowy door. Is that noise love?

III

Única pulsión las cuatro manos. Impar el grito. Sentí vibrar adentro ojos detritos: [cual la memoria, el amor es un invidente con bastón de esquirlas] la herida indolora que se abría. No tuve miedo. Pensé que era normal. ¿Así pasa siempre?

III

Only pulse the four hands. Odds the shout. I felt vibrating within debris eyes: [what memory, love is a blind man with a cane of splinters] the painless wound that opened. I wasn't afraid. I thought it was normal. Is this how it always is?

IV

Para Sugey y Rubén, uno en el amor.

Nacieron escamas a las manos, gozne que lleva y trae noches con días. Nada durmieron los aerolitos. Desde el techo, gamas luminosas descendían a las sábanas. Nos dejamos ir tras las olas: el páramo era azul, como la manta. A dos remos bogamos más adentro [mar adentro]. A ese mundo encrespado [el mar que era desierto], enorme desafío donde el amor

IV

For Sugey and Rubén, one in love.

Scales grew on hands, hinge that brings and carries nights with days. The aerolites didn't sleep at all. From the roof, luminous ranges descended to the sheets. We let ourselves go after the waves: the moor was blue, like the cover. With two oars we row even further [out to sea]. To that choppy world [the sea that was desert], enormous challenge where love

V

No era falso el sonrojo del durazno. No sus matices. A lo lejos, dos campanas se balanceaban de monjes. Comunión por dos caminos en uno entreverado. Lloraron sobre mi cuerpo las emocionadas yemas de tus dedos. Entraste a la pupila abierta: sacaste de los ojos mi basura (los ojos orgánicos, redivivos), inmensidad lejana de la lágrima. Vimos al tinto celebrar la campiña, amar sobre un mantel de mejillas ardorosas. Arriba, un avión trazaba cosas sobre

V

The peach's blush was not fake. Nor its nuances. In the distance, two bells being rung by monks. Communion by two roads interleaved into one. Your excited fingertips cried upon my body. You entered the open pupil: you removed from my eyes the trash (the organic eyes, revived), distant immensity of the tear. We saw the dye celebrating the countryside, love upon a cloth of burning cheeks. Above, a plane traced things upon

VI

La luz se dobla y dios, tan ignorante, piensa que traza una frontera. Es su ojo miope. [Te equivocaste, señor: al centro de la tarde, oscura yo, caía.] Se fue la luz: en la redondez del ojo [+ vencido] el mar caía también, irremediable.

VI

The light folds itself and god, so ignorant, thinks that it traces a border. His eye is myopic. [You erred, lord: to the center of the afternoon, dark self, I fell.] The light left: in the roundness of the eye [+ defeated] the sea also fell, unavoidable.

VII

Lamía en silencio ese madero, porque el farol lo amaba, de atrás lo conocía. No fue secreto lo que la luz desperezaba a gritos. Caían las hojas cielo arriba, y abajo la resignación se frotaba las manos. Se fue la tarde. (Había partido el mar, se hacía tarde.) También me fui porque

VII

In silence, I licked that wood, because the street light loved it, knew it from behind. It was no secret what the light stretched loudly. The leaves fell upward to the sky, and below resignation rubbed its hands. The afternoon went away. (The sea had split, it grew late). I also left because

VIII

A Alejandra Pizarnik

Era la piel que se mordía los labios. Plañidos que se comprimían en la fruta. No lo pensé (y así pasaba siempre), cogí el timón que me ofreciste (era falso, Gelman, lo sabías): le di senda al crepitar del cuerpo (yo pensaba). Y luego   La cascada   La confusión   El precipicio   (es verdad, Alejandra)   :   de toda pasión, una se cae sin darse

VIII

for Alejandra Pizarnik

It was the skin that was biting its lips. Moans that compressed into the fruit. I didn't think about it (and that's how it always happened), I took the wheel you offered me (it was fake, Gelman, you knew it): I opened the path to the sizzling of the body (I thought). And then the cascade   the confusion   the precipice   (it's true, Alejandra) :   from all passion, one falls without

IX

Rugía un volcán en lontananza. Ceniza blanca Velo altanero Las campanas. Otra vez las campanas.   Retratos impacientes, mis manos pegajosas. Los ojos deshechos, cristalinos. El globo ocular asfixia entre los dientes. La tarde en la nevisca consumida. ¿A dónde iba el añil aquella tarde, con esa lluvia ajena desteñida en sus espaldas?

IX

A volcano growled in the distance. White ash   arrogant veil   the bells. Again the bells.   Impatient portraits, my clammy hands. undone eyes, crystalline. The ocular globe asphyxiates between the teeth. The afternoon consumed in the snow flurry. Where was the indigo going that afternoon, with that distant rain discolored on its back?

X

Rojísima era y fue la madrugada. Púrpura casi, el ojo se colgaba del alféizar: no era un cerezo. Espectacularmente (y once mil adjetivos con esa contundencia) crujieron las cenizas. Cayó al piso el incendio, vientecillo imperceptible. ¿Qué cosa fue esta quema?

X

It was so very red and it was early morning. Almost purple, the eye hung from the windowsill: it wasn't a cherry tree. Spectacularly (and eleven thousand other adjective with that weight) the ashes crunched. The blaze fell to the ground, imperceptible breeze. What was it that was burning?

XI

A papá, por la permanencia transparente.

Soy alérgica al polvo de tus huesos, al vuelo de los pájaros, las lágrimas del humo. Al retorno de Carmen y Bizet, sobreviven tu rumor y mi destemple. La prudencia como ropaje de este amor por el cerezo frente al cristal. Soy alérgica al polvo de tus huesos. ¿Habrás de repetirte todo, siempre?

XI

for dad, for the transparent permanence.

I'm allergic to the dust of your bones, to the flight of the birds, the tears of the smoke. To the return of Carmen and Bizet, they survive your murmur and my discomposure. Prudence as clothing of this love for the cherry tree versus the crystal. I'm allergic to the dust of your bones. Must you always repeat everything to yourself?

XII

Voy a rizar el mar mientras las llagas cierran. Buscar de las ballenas el secreto añejo que habita sus oídos. Me dirán que fue así: caer de la barcaza, hacerse al mar, abrir las piernas [en la inversión, el orden]. Yo seguiré peinando océanos hasta que se haga el trueno; hasta que algún martín arrase mi impaciencia. Si no, me iré con la tormenta entre las manos. No quiero hender del cetáceo las retinas. Que siga imaginando a los delfines saltar en medio de la casa.

XII

I'll ripple the sea while the wounds close. The whale's searching for the musty secret that lives within your ears. They'll tell me it was thus: to fall from the ship, enter the sea, spread legs [in the inversion, the order]. I'll continue combing oceans until the thunder sounds; until some kingfisher demolishes my impatience. Otherwise, I'll leave with the storm between my hands. I don't want to crack the cetacean's retinas. Keep imagining dolphins jumping in the middle of the house.

XIII

Verdad el huracán: quietud la mascarada.
                (
Certeza embustera de que el diablo no existe
                       porque
                                      ¿y aquella tarde en
                      que jalamos de su cola?
)
Treinta alfileres hay, salpicados con uvas
                                        bicolores.

¿Qué trago empalagoso es este jugo?

XIII

Truth the hurricane: silence the masquerade.
               (
A certain lie that the devil doesn't exist
               because
                           and that afternoon
                  we pulled its tail?
)
There are thirty pins, splashed with two-tone
                                         grapes.

What sickly drink is this juice?

XIV

Hay nueva pasajera en la barcaza blanca. ¿Quién desnudó el espejo?

XIV

There's a new passenger on the white ship. Who undressed the mirror?

XV

No soy luna que agita la marea: nace dentro la danza macabra de esta nave. Coloca en el corazón [sostén de su delirio] el grito angustiado que afila todo equívoco. Nada hay en los vesánicos espejos [de incurable salud] que no tenga contracara transparente *1*. Mayorales de todas las verdades, envidiosas del piélago dichoso, manadas de locas, inventamos la cordura.

1
　Pobre quien sus pasos en lucidez enreda.

XV

I am not the moon that shakes the tides: it's born within the dance macabre of this ship. It places in the heart [support of its delirium] the anguished shout that sharpens all error. There is nothing in the demented mirrors [of incurable health] that doesn't have a transparent opposite [1]. Overseers of all the truths, jealous of the lucky ocean, herds of the mad, we invent sanity.

---

[1] Poor is the one whose steps entangle in lucidity.

XVI

Puedo alcanzar visión y ahogarla desgarrando mis retinas con las manos. A fuerza de límpida insolencia, aparecer el mar frente a mis ojos. Pero no es la pupila quien descifra. Todo tiene ocultamiento, fuga propia: algún lugar impenetrable 2. El ojo engaña cruel [es compasivo]: no es mi mano este puño tensado hasta la sombra, ni muerdo desde adentro las branquias agitadas.

¿Quién llama a la puerta del océano para salir a conquistar la turbulencia de mis fondos? ¿Quién rasga la esclerótica a esta puerta de añil acribillado? [El ojo es compasivo y cruel]: ¿O es mi sombra esta sombra de mi mano que engarza el arpón en mis costillas? Voy a sentarme a ver el mar mientras el día se duerme, a ver si la engañosa luz [o su marea] deshace este tumulto de aguamalas.

2
   Bautismo de inmensidad
        es la limitación del ojo
Su grandeza misteriosa sólo un hueco
    : añicos de burbujas
           las ondas del camino
          trituradas
por los pasos que se deshacen en medio de la tarde.

XVI

I can reach vision and drown it by clawing out my retinas with my hands. Through limpid insolence, the sea appears before my eyes. But it is not the pupil that deciphers. Everything has concealment, its own flight: some impenetrable place 2. The cruel eye fools [it is compassionate]: it is not my hand this fist raised to the shadow, nor do I bite from within the agitated gills.

    Who knocks at the ocean's door to emerge to conquer the turbulence of my depths? Who scratches the sclera of this door of pitted indigo? [The eye is compassionate and cruel]: or is my shadow this shadow of my hand that thrusts the harpoon in my ribs? I shall sit down to watch the sea while the day drowses, to see if the tricky light [or its tide] undoes this tumult of jellyfish.

2
  Baptism of immensity
     is the limitation of the eye
Its mysterious greatness just a hollow
   : fragments of bubbles
            the waves of the path
          crushed
by the steps coming undone in the middle of the afternoon.

UNCERTAIN MEMORIAL OF BEAUTY

INCIERTO MEMORIAL DE LA BELLEZA

Ya qué más
    : era la tierra.
Palabras saltimbanquis
que buscan ojo ajeno.
 Querían decir
    : lo siento.
Decir
    : la tarde viene volviéndose pelícano
brincándose las órbitas.
Cava lamentos la córnea de la tierra
sus cuatro ojos de fuego.

Era la noche
    : ya qué más.
El alma se refugia
 en no supo cuál par de tres miradas.
Se fue detrás
    : plegaria y contrición
tanto destiempo

Fue el resquebrajo
    : cuánto atronar de huesos.
La sensación de desaparecer el cuerpo
ante el dolor acumulado.

Eras el pájaro, sí
pero el animal sin instrumento
es incompleto
    : delgadísimo alambre

fuiste y enredo de navajas.
A oscuras, más que luz, necesitamos tacto
[nunca fuiste ojo]
: sigo buscando descifrar
la limpidez
de una mirada.

That's how things are
        : it was the earth.
Acrobatic words
that sought another's eye.
They meant to say
        : I'm sorry.
To say
        : the afternoon has been turning pelican
skipping across orbits.
The cornea of the earth digs laments
its four eyes of fire.

It was the night
        : that's how things are.
The soul takes refuge
in it-knew-not-which pair of three glances.
It went behind
        : prayer and contrition
so out of step.

It was the cracking
        : what a deafening sound of bones.
The sensation of the body disappearing
before the accumulated pain.

You were the bird, yes
but the animal without instrument
is incomplete
        : oh so fine wire

you were and tangle of knives.
In the dark, more than light, we need touch
[you were never an eye]
: I still seek to decipher
the cleanness
of a glance.

Vamos a ver la noche
mientras algo como luz aborta una mirada.
A comer estrellas encendidas
      en las piernas blancas
       que los barcos abren al océano.
 Luego haremos mar.   Otra memoria.
Ajenos a esta necesidad hambrienta del desastre.

We're going to see the night
while something like light aborts a glance.
To eat stars kindled
        in the white legs
            that ships open to the ocean
Then we will make sea. Another memory.
Distant from this hungry need for the disaster.

A los marinos intocados de Kavafis.

:   doran sus aletas al óbito deseoso.
Tacta la memoria pelambres de tu cuerpo
            caricia de la fruta
[adiós anverso como peras].
Al núcleo cerrado de la brisa
me sepultan dos aires desvalidos.
                [Pienso que serán tuyos
                    los lirios de todos mis pantanos.]
Acertar es metáfora de tiempo justo

: mar y cielo
            los dos, aunque el olvido
aunque sea desperdicio tanta imaginación.

El dedo lloroso descubre mi cicatriz nocturna.
Un hombre pasa   montado en bicicleta
            [qué antojo, tu fruta al vino tinto
                una cerveza oscura].
La lejanía clava un rumor alejandrino.

To Cavafy's untouched sailors

            :   they gild their fins in the eager death.
Palpable the memory fleece from your body
        caress of the fruit
[farewell obverse like pears].
In the nucleus closed to the breeze
two helpless airs bury me.
            [I think they are yours
              the lilies of all my swamps.]
Hitting the target is a metaphor of just time

: sea and sky
        both, although the oblivion
although so much imagination is a waste.

The crying finger discovers my nocturnal scar.
A man passes by   riding a bicycle
      [what yearning, your fruit in red wine
      a dark beer].
The distance strikes an Alexandrine sound.

Para Diego Osorno, coautor del desencanto.

La ciudad tiene ojos de buitre
observa Diego
: o noria de miradas deseantes:
gesto de palabras
frente a la sinrazón de su observancia: se trata apenas
de una ruta acortada en las pupilas.
Cónico visor que todo distorsiona.
Bostezo de luz cansina que acumula
               sueños
                        ánimos rotos en el siseo de la hamaca.

Entonces todo se reduce a la a[venida]
una acera que la vista
disminuyéndola.   Reforma
[como este soliloquio de atisbos
para el tribunal de miopes que
sólo escuchan pájaros campotraviesa
: no sentirán jamás, adentro, un pálpito sereno].

For Diego Osorno, coauthor of the disenchantment.

The city has the eyes of a vulture
Diego notes
: or ferris wheel of desiring glances:
gesture of words
versus the injustice of its observance: it is barely
a shortened route in the pupils.
Conical visor that distorts everything.
Yawn of tiresome light that accumulates
       dreams
           wills broken in the hiss of the hammock.

Then everything is reduced to the a[venue]
a sidewalk that the vision
diminishing it.   Reform
[like this soliloquy of glimmerings
for the court of myopics who
only hear cross-country birds
: they will never feel, inside, a calm throb].

Soy sargazo de mar vuelto alimaña.
Traigo en los ojos diez arrugas del otoño.
Por eso

              ... [

                                             ]
: ¿o habré de pronunciar la fe de tu bautismo?
La lluvia fresca es la ruta de los vientos
¿o a la inversa?
Por qué decir te llamo, si la búsqueda es presa
al mordisco de mis labios, diente de piraña y
                                      mantarraya.
¿No estás mejor en mi silencio?

I am gulfweed become bloodsucker.
I carry in my eyes ten wrinkles of the autumn.
Therefore
          ...
                [

                                                    ]
: or must the certificate of your baptism be read aloud?
The fresh rain is the route of the winds
or is it the other way around?
Why say I'll call you, if the search is prey
to the bite of my lips, tooth of piranha and
                                        manta ray.
Don't you feel better in my silence?

También tuve un paraíso.
Una hamaca que afilaba la tarde
contra el viento.
Pero llegó septiembre con el ruido de tus pasos;
de ardor, pasó la noche a centenar de hilachas;
destejido gris el corazón de la tormenta.
La fruta desganaba contra el suelo
[desgranada] en la lluvia.
Todo era cieno cuando volteé otra vez.
El agua una corriente; mis manos
paso ajeno que cavó su vaguada.
Un temor inconfesable y milenario
          : la certeza del pecado
al centro de la dicha que miras alejarse.

I also had a paradise.
A hammock that whetted the afternoon
against the wind.
But September came with the noise of your steps;
burning, I spent the night in a hundred loose threads;
unwoven gray the heart of the storm.
The fruit's flesh limp against the ground
[threshed] in the rain.
Everything was mud when I turned over again.
The water a current; my hands
another's effort that dug its trough.
An ancient unconfessable fear
        : the certainty of the sin
in the center of the luck that you watch pull away.

El mar es un desierto naufragado.
Un náufrago cualquiera sentado en una plaza.
Una plaza sin náufrago es naufragio.
Un naufragio, no sentir tu espalda en mis incendios.
Un incendio son los restos del desierto.
Un desierto, un océano incinerado.
Un océano es un espejo de colores.
Y un espejo estupefacto, sin colores
mi mirada que ve tu inmensidad y la del mar.
Y tergiversa dioses.

The sea is a shipwrecked desert.
An ordinary castaway seated in a plaza.
A plaza without a castaway is a shipwreck.
A failure, not feeling your back in my blazes.
A blaze are the remains of the desert.
A desert, an incinerated ocean.
An ocean is a mirror of colors.
And a stupefied mirror, without colors
is my gaze that sees your immensity and the sea's.
And distorts gods.

> *Tendrán que oírme decir no me conozco.*
> Eliseo Diego

Este bohío, como todos
tiene, no más, una salida. Una entrada, entonces.
Su bosque tan fiel como mis sombras.
Lengua oscura que da miedo caminarla.
Al lado mío, el primer paso
es el espejo donde no soy y me parezco.
Tengo que aprender a desconocerme
     : rasguño el ojo vertical que asoma
entre dos ramas y la retina, al desgarro
es sangre morada donde la luna resplandece.
Se seca de inmediato. Y calla.
Desde el susurro que soy, grito aterrada.
Las aguas del espejo se mueven
y me multiplican.
Parezco. Nada más parezco. Nada más.
Soy alguien a quien no conozco.
Alguien que ya no engaña. Que no puede.

> *They must hear me say I don't know myself.*
> Eliseo Diego

This hut, like all of them,
has but one exit. One entrance, then.
Its forest as faithful as my shadows.
Dark tongue that provokes fear in walking it.
At my side, the first step
is the mirror where I am not and I resemble myself.
I must learn to unknow myself
      : I scratch the vertical eye that peeks
between two branches and the retina, in tearing
is purple blood where the moon shines.
It dries immediately. And falls silent.
From the whisper that I am, I shout in terror.
The waters of the mirror move
and multiply me.
I resemble. I resemble nothing more. Nothing more.
I am someone who I don't know.
Someone who no longer deceives. Someone unable to.

Tirita el desánimo en las sábanas.
Cierra sus ojos la mañana frente al hielo
      : su cara es brizna
de ceniza que baña despertares.
La noche, escalofrío donde la cóncava
que soy

                                  busca
                                convexo

que temple sus entrañas.
[Aunque amar es otra cosa.]

Dejection shivers in the sheets.
The morning closes its eyes against the ice
    : its face is a breeze
of ashes that bathes awakenings.
The night, tremor where the concave
that I am
                      searches for
                      the convex
that cools your entrails.
[Although loving is something else.]

INCIERTO MEMORIAL DE LA BELLEZA

*Mercaderes, traficantes, más que rabia
dan tristeza./
No rozaron, ni un instante, la belleza.*
Luis Eduardo Aute

UNO

Cuánta tu ausencia y qué difícil.
Exiguos, los ojos de mis manos
parpadean tu imperceptible génesis.
Pero ya eres espuma   viento   ansia.
Apenas rezumar de qué memoria.

DOS

Voy a escribirte un cuadro
con mis dedos llorosos, que no son asidero;
a pensar que estuviste, un día
llenando de malvaviscos celestes mi cabeza.

Te cambio entonces el tacto de mis ojos
la tristeza de mis manos
por la estatificación de algún instante.
      Por una sola conversación del agua, por
la placidez de una lluvia cubierta de ventanas,
por los bucles de un árbol o una gata preñada
que teje con rollo sanitario.

UNCERTAIN MEMORIAL TO BEAUTY

> *Merchants, smugglers, more than rage*
> *inspire sadness./*
> *They never brush, not even for an instant, against beauty.*
> Luis Eduardo Aute

ONE

How great your absence and how difficult.
Paltry, the eyes of my hands
blink your imperceptible genesis.
But you are already foam   wind   yearning.
Barely oozing from what memory.

TWO

I will write you a painting
with my weeping fingers, which are unfounded;
to think that you were, one day
filling my head with heavenly marshmallows.

I exchange with you then the feel of my eyes
the sadness of my hands
for the nationalization of some instant.
       For a single conversation of the water, for
the calmness of a rain covered in windows,
for the whirls of a tree or a pregnant cat
who knits with toilet paper.

TRES

El torrente de fondo persigue
mis encuentros contigo.
Sonrosadas mejillas ante
dos cristales que salan su descenso.
Pero ni mi lluvia enfrascas
: a qué llorarte más
excitación esquiva en lo desolado
de los latidos.
El torrente de fondo
persigue mis desencuentros contigo.
Este alzheimer tuyo que padezco.
Mi incierto memorial
que sueña alguna vez haberte visto.

THREE

The background rush follows
my meetings with you.
Blushing cheeks before
two windows that salt their descent.
But you don't even bottle my rain
: why cry for you more
furtive excitation in the desolation
of heartbeats.
The background rush
follows my missed meetings with you.
This Alzheimer's of yours that I suffer.
My uncertain memorial
that dreams occasionally of having seen you.

SOBRE EL AUTOR

Luis Aguilar

(Valle Hermoso, Tamaulipas, México, 1969) es poeta, traductor y catedrático en la Universidad Autónoma de Nuevo. Ha publicado *Eclipses y otras penumbras* (poesía, UANL, 1998); *Soberbia de cantera*, (crónica, DCI, 2000); *Tartaria*, (poesía, Mantis Editores, 2003); *Mantel de tulipanes amarillos,* (poesía, francés-español, Écrits des forges y Mantis Editores, 2005); *Los ojos ya deshechos* (Mantis Editores-Secretaría de Cultura de Jalisco, 2007); *La entrañable costumbre o El libro de Felipe* (Poesía, español-portugués, Selo Sebastião Grifo-Mantis Editores-UANL, 2008); *Decoración de interiores* (Bonobos Editores, 2010); *Os olhos já desfeitos* (Poesía, Selo Sebastiao Grifo, Sao Paulo, Brasil); *Lateral izquierdo* (Cuento, CONARTE, 2011); *Fruta de temporada* (Poesía, Universidad de Quintana Roo-Unión Nacional de Escritores y Artistas de Cuba, Cuba-México); *Ground Glass / Vidrio Molido* (poesía, inglés-español, BookThug-Mantis Editores, Canadá- México); y *Gatos de ninguna parte* (El Quirófano Ediciones, Ecuador, 2013). Su obra aparece antologada ampliamente en México y en el extranjero. Como traductor su trabajo ha merecido el reconocimiento nacional e internacional. Entre los premios que ha recibido por su obra poética se encuentran el Premio Nacional de Periodismo Cultural Fernando Benítez y en 2009 el Premio Regional de Periodismo Cultural del FORCA Noreste. Ha sido becario del Centro de Escritores de Nuevo León en dos ocasiones; del Fondo Nacional para la Cultura y las Artes dentro de los Proyectos de Coinversión Cultural; y ha recibido también el premio nacional de poesía joven Manuel Rodríguez Brayda (Tamaulipas, 1988); el premio estatal de cuento Sobre rieles (2001); mención de honor en el Premio Regional de Poesía Carmen Alardín (2004); el Premio Nuevo León de Literatura y el Premio Internacional de Poesía Nicolás Guillén, ambos en 2010. Su obra literaria ha sido traducida al inglés, francés, portugués, alemán, catalán, árabe y rumano.

ABOUT THE AUTHOR

Luis Aguilar

(Valle Hermoso, Tamaulipas, Mexico, 1969) is a poet , translator and professor at the Universidad Autónoma de Nuevo León. He has published *Eclipses y otras penumbras* (poetry, UANL, 1998); *Soberbia de cantera* (chronic, DCI, 2000); *Tartaria* (poetry, Mantis Editores, 2003); *Mantel de tulipanes amarillos,* (poetry, French-Spanish, Écrits des forges and Mantis Editores, 2005); *Los ojos ya deshechos* (Mantis Editores-Secretary of Culture of Jalisco, 2007*); La entrañable costumbre o el Libro de Felipe* (Poetry, Spanish-Portuguese, Sebastião Selo Griffin-Mantis-UAN, 2008); *Decoración de interiores* (Bonobos Publishers, 2010); *Os Olhos já desfeitos* (Poetry, Sebastiao Selo Grifo, Sao Paulo, Brazil); *Lateral izquierdo* (Short stories, CONARTE, 2011); *Fruta de Temporada* (Poetry, University of Quintana Roo-National Union of Writers and Artists of Cuba, Cuba-Mexico); *Ground Glass / Vidrio Molido* (poetry, English-Spanish, BookThug-Mantis Editores, Canada-Mexico); *Gatos de ninguna parte* (El Quirófano Ediciones, Ecuador, 2013). His work is widely antologized in Mexico and abroad. As a translator, his work has been recognized nationally and internationally. Among the awards he has received for his poetry are the National Cultural Journalism Prize Fernando Benitez and in 2009 the Regional Cultural Journalism Award FORCA Northeast. He has been a fellow of the Center for Writers of Nuevo León twice; the FONCA within the Cultural Co-investment projects; and has also received the national young poetry prize Manuel Rodríguez Brayda (Tamaulipas, 1988); the short story state award Tale On Rails (2001); honorable mention in the Regional Poetry Prize Carmen Alardín (2004); the Nuevo León Prize for Literature and the International Poetry Prize Nicolás Guillén, both in 2010. His literary work has been translated into English, French, Portuguese, German, Catalan, Arabic and Romanian.

SOBRE EL TRADUCTOR

Lawrence Schimel
escribe en español e inglés y ha publicado más de 100 libros en muchos géneros diferentes- incluyendo ficción, poesía, no ficción y cómics - tanto para niños como para adultos. Es autor de los poemarios *Desayuno en la cama* (Egales), *Fairy Tales for Writers* (Midsummer Night's Press), y *Deleted Names* (Midsummer Night's Press), cuatro colecciones de cuentos: una novela gráfica; y muchos libros para niños. Su libro ilustrado *No hay nada como el original* (Destino) fue seleccionada por la Biblioteca Internacional de la Juventud en Muich para el premio White Ravens 2005 y sus libros ilustrados *¿Lees un libro conmigo?* (Panamericana) e *Igual que ellos / Just Like Them* (Ediciones del Viento) fueron seleccionados por IBBY como Libros Excepcionales para Jóvenes con Discapacidades en 2007 y 2013 respectivamente. También ha ganado el Premio Lambda Literary (dos veces), el Premio Independent Publisher, el Premio Spectrum, y ha recibido muchos otros reconocimientos. Sus escritos han sido traducidos al euskera, catalán, croata, checo, holandés, Inglés, esperanto, estonio, finés, francés, gallego, alemán, griego, húngaro, islandés, indonesio, italiano, japonés, coreano, maltés, polaco, portugués, rumano, ruso, serbio, eslovaco, esloveno, español, turco y ucraniano.

Originario de la ciudad de Nueva York, vive en Madrid, España desde enero de 1999, donde trabaja como traductor español-inglés. Ha publicado traducciones de poemas de Luis Armenta Malpica, Jeannette L. Clariond, Vicente Molina Foix, Luis Aguilar, Luis Antonio de Villena, Care Santos, Jordi Doce, Anna Lidia Vega Serova, y Miguel Maldonado, entre muchos otros poetas, así como ficción de autores como Javier Malpica, Ricardo Chávez Castañeda, Daniel Krauze, Gerardo Piña y Alberto Chimal, entre otros.

ABOUT THE TRANSLATOR

Lawrence Schimel
writes in both Spanish and English and has published over 100 books in many different genres–including fiction, poetry, non-fiction, and comics–and for both children and adults. He is the author of the poetry collections *Desayuno en la cama* (Egales), *Fairy Tales for Writers* (A Midsummer Night's Press), and *Deleted Names* (A Midsummer Night's Press); four collections of short stories: one graphic novel; and many books for children. His picture book *No hay nada como el original* (Destino) was selected by the International Youth Library in Muich for the White Ravens 2005 and his picture books *¿Lees un libro conmigo?* (Panamericana) and *Igual que ellos /Just like them* (Ediciones del Viento) were selected by IBBY for Outstanding Books for Young People with Disabilities in 2007 and 2013 respectively. He has also won the Lambda Literary Award (twice), the Independent Publisher Book Award, the Spectrum Award, and other honors. His writings have been translated into Basque, Catalan, Croatian, Czech, Dutch, English, Esperanto, Estonian, Finnish, French, Galician, German, Greek, Hungarian, Icelandic, Indonesian, Italian, Japanese, Korean, Maltese, Polish, Portuguese, Romanian, Russian, Serbian, Slovak, Slovene, Spanish, Turkish, and Ukrainian.

Originally from New York City, he has lived in Madrid, Spain since January of 1999, where he works as a Spanish-English translator. He has published translations of poems by Luis Armenta Malpica, Jeannette L. Clariond, Vicente Molina Foix, Luis Aguilar, Luis Antonio de Villena, Care Santos, Jordi Doce, Anna Lidia Vega Serova, and Miguel Maldonado, among many other poets, as well as fiction by authors such as Javier Malpica, Ricardo Chávez Castañeda, Daniel Krauze, Gerardo Piña, and Alberto Chimal, among others.

LUIS AGUILAR

Photo by Jacobo Parra

INDEX/ÍNDICE

Tinta China Sobre Papel Cebolla
India Ink on Tracing Paper

Acta de Defunción   10
Death Certificate   11
Fe de Bautismo   22
Certificate of Baptism   23
Acta de Matrimonio   28
Marriage Certificate   29
Acta de Nacimiento   38
Birth Certificate   39
Esquela   42
Obituary   43
Testamento   46
Last Will   47

Añil Sobre Papel de China
Indigo on Tissue Paper

I   50, 51
II   52, 53
III 54, 55
IV   56, 57
V   58, 59
VI   60, 61
VII 62, 63
VIII 64, 65
IX   66, 67
X   68, 69
XI   70, 71
XII 72, 73
XIII 74, 75
XIV 76, 77
XV   78, 79
XVI 80, 81

Incierto Memorial de la Belleza
Uncertain Memorial to Beauty

Ya Qué Más   84
That's How Things Are   85

Vamos a ver la noche   86
We're Going to See the Night   87
Doran sus Aletas al Óbito Deseoso   88
They Gild their Fins in the Eager Death   89
La Ciudad Tiene Ojos de Buitre   90
The City Has the Eyes of a Vulture   91
Soy Sargazo de Mar Vuelto Alimaña   92
I am Gulfweed Become Bloodsucker   93
También tuve un paraíso   94
I Also Had a Paradise   95
El Mar Es un Desierto Naufragado   96
The Sea Is a Shipwrecked Desert   97
Este Bohío, Como Todos   98
This Hut like All of Them   99
Tirita el Desánimo en las Sábanas   100
Dejection Shivers in the Sheets   101
Incierto Memorial de la Belleza   102
Uncertain Memorial to Beauty   103

Sobre el Autor   106
About the Author   107
Sobre el Traductor   108
About the Translator   109

www.ingramcontent.com/pod-product-compliance
Lightning Source LLC
Chambersburg PA
CBHW051656040426
42446CB00009B/1169